Original Title:
Bali: Gedichte des Meeres und des Mondes

Copyright © 2024 Book Fairy Publishing
All rights reserved.

Editors: Theodor Taimla
Autor: Claudia Kuma
ISBN 978-9916-39-592-9

Bali

Gedichte des Meeres und des Mondes

Claudia Kuma

Inselträume

Sanft bewegt der Wind die Brachen,
Palmen rauschen in der Nacht.
Klares Wasser, schnelles Lachen,
Sterne funkeln sacht und sacht.

Leises Flüstern, ferne Lieder,
Wellen kühlen den warmen Sand.
Träumen unter Palmenbäumen,
Ein Geheimnis trägt das Land.

Sonne küsst das blaue Meer,
Schutz in stillen Buchten.
Hier verlieren Sorgen sich,
Glück lässt sich hier suchen.

Märchenhafter Ozean

Glitzerwellen, wie Kristalle,
Spielen mit des Mondes Licht.
Fesselnd, wie in alten Sagen,
Ein geheimnisvolles Gedicht.

Fische leuchten, bunt und heiter,
Korallen schimmern tiefrot.
Tief im Wasser eine Stadt,
In der niemand menschlich droht.

Ein Schiff zieht am Horizont,
Der Weg führt nah und fern.
Seefahrer und Sirenengesang,
Erzählen Leben gern.

Strandlichter

Kerzen flackern in der Dämmerung,
Geister der Nacht erwachen sacht.
Der Sand belebt von Fußspuren,
Nächte lang mit sanfter Pracht.

Muscheln gesammelt, voller Glanz,
Schätze, die der Strand bewahrt.
Jeder Schritt ein neues Ziel,
Im Herzen bleiben sie verwahrt.

Licht durchbricht den Schleier,
Führt die Seele hin und her.
Strahlend schön in Einsamkeit,
Im Licht des Mondes, Meer.

Ruhm der Gezeiten

Sturmgepeitscht, die Wogen singen,
Ein Ruf so alt wie die Zeit.
Kräfte toben, mächtig klingen,
Leben tief in Ewigkeit.

Schiffe kämpfen, segeln weiter,
Trotzen Well' und Wut zugleich.
Hoffnung ruht in steter Reise,
Träume groß und reich.

Ein Fels inmitten, unbewegt,
Zerfurcht von wilder Fahrt.
Gezeiten ruhmvoll eingefräst,
Beeindruckend und stark.

Schatten auf dem Wasser

Das Mondlicht glitzert sanft und klar,
auf stillen Wellen wunderbar.
Schatten tanzen, sachte wehen,
über Fluten, still und schön.

Das Wasser trägt der Träume Last,
in tiefen Spiegeln, unerfasst.
Jeder Tropfen, jedes Licht,
verweilt im Dunkel, das er bricht.

Die Nacht, sie haucht ein leises Lied,
am Ufer bleibt ein stiller Fried.
Wo Schatten spielen, Silhouetten,
abtauchen in die Wasserbetten.

Ewiger Fluss der Gezeiten

Der Strom fließt ewig, nie zur Ruh,
er trägt uns fort, wohin, weißt du?
Wie Wellen schlagen, laut und fein,
so rollt das Leben, rein und rein.

Die Gezeiten, Zeit vergeh'n,
in ihrem Fluss Geschichten steh'n.
Wir schwimmen mit, als kleiner Teil,
in diesem großen, lichten Saal.

Ein Rauschen, fast wie Engesang,
begleitet uns ein Leben lang.
Der Fluss, er bleibt, sein Stil ist schlicht,
er kennt der Zeiten wahres Licht.

Sanftes Rauschen

Sanftes Rauschen in der Fern,
Nah und doch so ungeheuer.
Flüstern Wellen ihre Lieder,
zart und zögernd, immer wieder.

Der Wind, er trägt die Melodie,
so leicht, so frei, verliert er nie.
Im Abendrot, im Morgenblau,
weht das Rauschen, immer schlau.

Die Bäume wiegen sich im Takt,
Ein ew'ger Tanz, der nie ermatkt.
Horch, das Rauschen, stets es spricht,
vom Leben selbst, dem wahren Licht.

Nächtliche Meeresbrise

Kühle Brise, wie ein Hauch,
umschmeichelt sanft den müden Bauch.
Das Meer singt leise seine Lieder,
erzählt von fernen Küsten wider.

Der Mond erhebt sich groß und rund,
bescheint die Welt im blauen Grund.
Die Sterne funkeln, still und klar,
wie Träume, die man gestern sah.

Die Nacht, sie atmet tief und frei,
Auf Wellen tanzt der Seelenschrei.
Ein süßer Duft von Salz und Meer,
begleitet uns durch's Dunkelmeer.

Sonnenuntergangsmagie

Wenn der Himmel sich in Flammen kleidet,
und die Sonne langsam Zeit bereit't,
erwacht die magische Abendstunde,
in glühend rot-orangefarb'nen Wunde.

Am Horizont verschwimmt der Tag,
in Farbenpracht, die man so mag.
Die Vögel singen letzte Lieder,
der Tag vergeht, kehrt bald dann wieder.

Schatten tanzen an der Wand,
Sonnenstrahlen, sanft verbrannt.
Das Licht verglimmt in sanfter Glut,
unser Herz erhellt von sanfter Ruh'.

Die Welt versinkt in goldenem Schein,
der Tag entschläft in Frieden rein.
Ein Zauber überzieht das Land,
Sonnenuntergang, magisch, unerkannt.

Nachthimmel über den Wellen

Der Ozean in Dunkelheit,
der Nachthimmel am Horizont weit.
Sterne funkeln, silbern prangen,
über Wellen, die sanft verhangen.

Der Mond wirft einen stillen Glanz,
auf die Wellen, wie im Tanz.
Ein Schleier spannt sich über's Meer,
in der Nacht so mild und hehr.

Schaumkronen leuchten hell im Licht,
ein geheimnisvoll, bewegtes Gedicht.
Ein Hauch von Ewigkeit im Spiel,
der Wind flüstert leise viel.

Die Wellenrauschen wie ein Chor,
ein Lied der Nacht, am fernen Ohr.
So steht der Nachthimmel in Pracht,
blickt schweigend auf die stille Nacht.

Wasserserenade

Im Klang von Wellen sanft und weich,
ein Flüstern, das die Ruhe streicht.
Ein Lied, das nur die Wasser kennen,
diessen Noten zärtlich brennen.

Der Fluss erzählt von fernen Orten,
wo Sagen alte Kräfte formten.
Im Rauschen seine Stimme hallt,
ein Echo, das die Nacht umwallt.

Am See, wo Sterne niederblicken,
und Wasserlilie sanft ersticken.
In sanfter Harmonie vereint,
die Wasserserenade scheint.

Ein Reigen aus kristallklaren Klängen,
Natur mit ihrer Stimme singen.
So tönt es leise in der Nacht,
ein Lied, das in die Seele sacht.

Meeresrauschen und Sternenlicht

Unter einem Himmelszelt aus Licht,
wo Sternenfunkeln Hoffnung bricht,
das Meeresrauschen lieblich klingt,
ein Schlaflied, das in Träume bringt.

Die Wellen wiegen hin und her,
das Sternenmeer strahlt klar und hehr.
Ein Flüstern durch die Dämmerung zieht,
ein Ruf der Ewigkeit uns rief.

Im sanften Schimmer tanzt das Meer,
Wellen glitzern, zahlreich und mehr.
Ein Hauch von Magie in der Luft,
wo Sterne tragen süßen Duft.

Das Rauschen des Meeres, so tief,
beschützt uns sanft, wenn die Nacht rief.
Das Sternenlicht, wie'ne sanfte Hand,
friedlich legt es sich über's Land.

Geheime Lagune

Flüstern der Wogen, sanft und klar,
verborgen hinter grünem Palmenhaar.
Die Sonne küsst das kühle Nass,
ein Paradies, das niemals verlassen.

Im Schatten tanzen Lichterspiele,
die Seele findet dort ihr Ziel.
Ruhe füllt die stille Bucht,
der Himmel malt in sanfter Zucht.

Smaragdgrün schimmert das Wasser hell,
Natur wiegt sich im Waldesquell.
Ein Ort, geheim, voll stiller Ruh,
des Herzens Wunsch, das findest du.

Vom Sternenlicht berührt

Der Nachthimmel, ein endloses Meer,
Funkeln, so klar und wunderbar.
Jeder Stern, ein stummes Gedicht,
geflüstert vom ätherischen Licht.

Sterne wie Träume, so weit und frei,
erleuchten die Dunkelheit aufs Neu.
Ein Hauch von Ewigkeit im Blick,
ein Funkeln, das die Seele mitnimmt.

Nächte der Sehnsucht, still und rein,
im Sternenschimmer sind wir klein.
Doch jeder Glanz erzählt von Zeit,
von Liebe, Hoffnung, Ewigkeit.

Das Firmament, ein weites Reich,
berührt das Herz, macht es gleich.
Ein Leuchten, das uns ewig führt,
vom Sternenlicht, so sanft berührt.

Gezeiten der Sehnsucht

Das Meer singt Lieder voller Trauer,
in jeder Welle liegt ein Hauch der Dauer,
Es rauscht, es seufzt, es ruft so leise,
der Seele fernmelodische Reise.

Die Gezeiten tragen stille Geschichten,
von Verlangen, Lieb und allen Pflichten.
Das Herz schlägt in des Meeres Rhein,
die Sehnsucht in den Wogen fein.

Der Horizont ein fernes Ziel,
das Herz erfüllt vom fernen Spiel.
Ein ewig Puls in der stillen Nacht,
die Sehnsucht, die uns stets bewacht.

In jedem Tropfen, ein tiefer Traum,
die Seele wünscht, sie lässt sich kaum.
Die Flut kommt heran, sie schließt uns ein,
in Gezeiten der Sehnsucht, sind wir allein.

Melodie der Wellen

Die Wellen tanzen auf dem Meer,
ein Rhythmus, frei und schwerelos.
Sie singen Lieder ohne Zwang,
ein ewiges, sanftes Wechselspiel groß.

Jedem Kamm folgt eine Woge,
Melodien im endlosen Bogen.
Die See spricht Worte, klangvoll und klar,
eine Symphonie, die niemand erfahr.

Möwen kreischen hoch im Wind,
die Wogen tragen sanften Klang.
Die Seele lauscht dem Meereslied,
ein Echo, das im Herzen schwang.

Der Ozean, ein Meisterwerk,
von Tönen, die das Herz verzehrt.
In jeder Welle liegt verborgen,
ein Lied der Welt, ein neues Morgen.

Korallenherz

Tief im Ozean, weit und breit
Zieht ein Herz aus Korallenleid
Farben schimmern, Tanz der Zeit
In stillem Rhythmus, Unendlichkeit

Ein Seepferdchen flüstert leis
Von alten Tagen, endlos Reis
Legenden ranken, bleiben leis
Erinn'rung bleibt, doch Weisheit preis

Das Korallenherz, so rein, so groß
Hat viele Jahre, doch kein' Verloss
Wird ewig schlagen, still und bloß
Im tiefen Meer, in stummem Schoß

Ein Wohlklang trägt die Wellen fort
Von Liebe flüstert jeder Ort
Das Herz erzählt von Jahr zu Jahr
Bewahrt Erinnerungen, klar

In stillen Tiefen, weit und fern
Schlägt ein Herz, korallenstern
Zieht mit Träumen, leis und gern
In die Ewigkeit, dem Ozeanlern

Geheimnisvoller Strand

An einem Strand, geheimnisvoll
Verwehter Sand und Himmel voll
Von Licht und Schatten, endlos Band
Ein Märchenland, von Hand zu Hand

Die Muscheln singen, leis zum Ohr
Von fremden Ländern, Meere flor
Geheimnisse im Wellenmeer
So nah und doch so unbeschwer

Ein alter Mann erzählt gar leis
Von Zeiten, wo die Welt noch weiß
Erinnerungen tief vergrab'n
Im gold'nen Sand, so licht erlab'n

Der Wind, er trägt die Stimmen fort
Verbindet Zeiten, Ort für Ort
Die Wellen flüstern, sanft und fein
Geheimnisstrand, lass uns allein

Im Abendrot, wenn Sonne sinkt
Ein Feuerglanz, der Tag verbinkt
Geheimnisse erwachen neu
Am Strand so still, im Abendblau

Perlen im Mondlicht

Perlen glitzern, Mondesschein
Ein Zauber wirkt, im sanften Reihn
Das Wasser flüstert, leis beschwingt
Der Nachtwind neue Lieder singt

Unter Sternen, fern und klar
Erstrahlen Perlen, wunderbar
Im Mondlicht glänzt die stille See
Ein Märchen aus des Himmels Reh

Einsame Seelen träumend sacht
Von Perlen dieser reichen Pracht
Erzählen sich die Träume sanft
Im Mondlys Glück, die Punkte grant

Verborgen ist der Schatz der Nacht
Im Ozean, wo Licht erwacht
Die Perlen schimmern, flüstern leis
Von alten Zeiten, endlos Kreis

Ein Meer aus Licht, ein stiller Tanz
Die Perlen bringen sanften Glanz
Im Mondlicht strahlen, stark und rein
Ein Wunder, klar und unverein

Zwischen Himmel und Meer

Zwischen Himmel und dem Meer
Da tobt ein Spiel, der Sturm so schwer
Wellen tanzen, Sturmgebraus
Ein Vogelschwarm zieht einsam aus

Ein Segelschiff am Horizont
Trägt Hoffnung fern, am fernen Mond
Zwischen Blau und Tiefen rein
Erzählen Sterne vom Dasein

Der Wind, er spielt die Melodie
Von Freiheit, Fernweh, Harmonie
Ein Hauch von Salz, ein Morgenrot
Der Himmel küsst das Meer in Not

Ein Leuchtturm wacht, trotzt dem Meer
Strahlt Licht ins Dunkel, fern und leer
Im Einklang zwischen Himmel, Meer
Begleitet er die Schiffe schwer

Da draußen, wo die Welten sich
So nah begegnen, doch nicht ich
Da tanzt das Leben, groß und klein
Zwischen Himmel, Meer, gemeinsam sein

Seeecho

Der See flüstert leise
im kühlen Morgenlicht
Wellen tanzen Kreise
verhüllen mein Gesicht

Echos hallen wieder
über stilles Blau
Vögel steigen nieder
singen, doch so grau

Bäume spiegeln Schatten
auf dem glatten Grund
Träume, die einst hatten
füllen nun den Mund

Weit im Nebel schimmern
Bilder längst vergang'n
Herzen noch erzittern
halten sich im Bann

Fern von jedem Rauschen
in der stillen Nacht
bleibt manch' Wort zu lauschen
bis der Morgen lacht

Salzige Brise

Salzige Brise weht
über Sand und Stein
Sonne leise geht
kann der Himmel sein

Kleine Möwen rufen
über Wellen wild
Schiffe, die da schufen
was der Tag erfüllt

Muscheln in den Dünen
glitzern weiß und fein
in den frühen Bühnen
wird das Meer stets rein

Häuser wiegen sacht
an des Hafens Rand
Lachen, das erwacht
hin zum weiten Land

Träume wollen fliegen
auf dem Wind so weit
Wellen sich dann biegen
bis die Zeit verweilt

Schimmernde Gezeiten

In den Gezeiten schimmert
das alte Seemannsheim
Wogen brechen zitternd
in das Morgendämmern ein

Leuchtturmlichter wehen
über's dunkle Meer
Fischer still vergehen
träumend, wie so schwer

Jeder Tropfen peitscht
in der fernen Gischt
Herzen hoffen leicht
auf das Morgenlicht

Mondesglanz im Schweifen
auf der Wasserkrone
lässt uns ferne greifen
nach des Himmels Lohne

Schimmernd' Sternenzelte
rauschen leise fort
endlos in die Weite
bis zum Nebelhorn

Versunkene Schätze

Tief im Meer verborgen
ruhen Schätze alt
Geschichten, die sich borgen
in dem Schattenwald

Perlen wiegen sachte
zwischen Sand und Stein
Träume, die erwachten
unter Wellen rein

Alte Karten führen
zu dem dunklen Grund
Fischerboote steuern
halten den Moment

Kommen wir ans Ziel
finden wir das Gold
Staub und Salzkristall
sind des Meeres Sold

Tief in dunklen Weiten
leuchten Sterne hell
Schätze will man finden
unterm Wasserquell

Spiegel der Sterne

Im stillen See, so klar und rein,
Spiegelt sich der Sternenschein.
Fern am Himmelszelt, so weit,
Treffen Träume sich zur Zeit.

Jeder Funken, winzig klein,
Erleuchtet hier den dunklen Hain.
Flüstern Winde sacht und leis,
Tragen Wünsche über'n Teich.

Glitzern Perlen auf der Haut,
Wasser kühlt und taucht hinab.
Zarte Wellen, sanfter Laut,
Wie ein Herzschlag aus dem Grab.

Schau hinauf und finde Ruh,
Gestirne weben Träume zu.
Morgenrot, noch tief versteckt,
Spiegel glänzt, die Nacht erweckt.

Schatten spielen auf dem Grund,
Tanz der Sterne frei und bunt.
Ewigkeit in einem Blick,
Sternenspiegel, kehr zurück.

Im Einklang mit dem Mond

Silbergleis am Himmelszelt,
Leuchtet fern die andere Welt.
Flüstern Blätter sacht im Wind,
Nachtlied, das die Seelen bind.

Kühle Strahlen, sanft und klar,
Malerisch und sonderbar.
Schließt die Augen, fühlt die Macht,
Träumt den Traum, der Frieden macht.

See im Schatten, ruhig, tief,
Mondlicht, das den Schlaf umgibt.
Tiere ruhen, still der Wald,
Nächtlich Ruhe, niemals kalt.

Schattenhände malen leis,
Symphonien in Mondesreis.
Leben weben, unentdeckt,
Mondlicht führt und alles deckt.

Öffne Herzen, bleib doch hier,
Stille Nacht, sie ruft nach dir.
Lass uns wandern Hand in Hand,
Bis ins ferne Traumland.

Schimmernde Tiefen

Tief im Meere, still und klar,
Leuchten Wunder sonderbar.
Fische tanzen, bunt und reich,
Überschwemmen das Geleit.

Korallenfarben, hell erblüht,
Wie ein Garten, der erglüht.
Unter Wellen, fern und nah,
Lebenszauber, unsichtbar.

Lichte Strahlen, dringen ein,
Schaffen Räume, zart und fein.
Flüstern Wogen, sacht und lang,
Singen alten Meeresklang.

Geisterwesen, die verwehrt,
Tauchen auf, ihr Leib verzehrt.
Ewigkeit in einem Blick,
Meeresgrund, ein Augenblick.

Tauch hinab, wo Träume weben,
Schimmerhell die Tiefen leben.
Schöpfungskraft, die uns erträgt,
Wasserwelt, die uns bewegt.

Inselgeheimnisse

Einsam liegt im Morgenlicht,
Inselreich, das niemand trifft.
Fernab Menschen, karg und still,
Webt Geheimnis, tiefer Wille.

Palmen rauschen leise Lieder,
Kennen längst der Seelen Flieder.
Sandgemälde, Fußspur schmal,
Zeit verweht mit Ebbequal.

Kristallklare Quellen fließen,
Sacht im Moos, dort ruhen Triebe.
Vögelflug und sanftes Ziehen,
Wilde Schönheit anverliehen.

Nächte funkeln, Sterne schürfen,
Auch Geheimnis will verjüngen.
Birgt die Insel tief im Kern,
Träume, die vom Licht uns fern.

Wag das Abenteuer, Herz,
Erforsche Rätsel, hilf dem Schmerz.
Denn verborgen in der Zeit,
Liegt die Ewigkeit bereit.

Wogenwald

Im Wogenwald der Nächte,
wo Sternenlichter blinken,
träumt die Seele sachte,
im Ozean versinken.

Flüstern fremde Geister,
von fernen Horizonten,
zwischen Zweigen leiser,
die Tiefen dort erkunden.

Sanfte Winde wehen,
durch Schatten alter Bäume,
Funkeln und Verstehen,
verweben sich zu Träume.

Mächtig sind die Wellen,
die geheimnisvoll sich winden,
Geschichten von den Quellen,
in Dunkelheiten finden.

Wogenwald, du stille,
in deiner endlosen Pracht,
hältst mit deiner Fülle,
neue Welten wach bei Nacht.

Ewige Flut

Ein Meer aus alten Zeiten,
das ewig sich bewegt,
trägt in sich Geleiten,
Lebenskreise trägt.

Unendliche Geschichte,
im Rauschen voller Klang,
Fluten unsichtbar zu lichten,
eine Welt gefangen lang.

Wellen schlagen sachte,
gegen Felsen, Stein und Sand,
führen heimlich Nächte,
Verborgnes im Verstand.

Horizonte weit verschlungen,
in Wasser wie gemalt,
Hoffnung ungesungen,
immer neu entfaltet, alt.

Die Flut ist ewig fließend,
tritt oft in Stille ein,
Bleibt für uns genießend,
in dem großen Sein.

Küstengeheimnisse

An der Küste sacht und leise,
schweigen die Geheimnisse,
wo die Wellen stets auf Reise,
erzählt hat keine Misse.

Verborgene Geschichten,
unter Sand und tiefem Meer,
funken ihre Lichten,
klingen oft so fern und schwer.

Muscheln flüstern leise Lieder,
von uralten Zeiten her,
rufen Siren' niemals wieder,
echos über Wasser leer.

Dünen sich im Wind verringen,
erzählen nur mit Nicken still,
Lichter dort in Nacht sich schlingen,
wo kein Mensch je bleiben will.

Küstengeheimnisse erwachen,
in den Herzen, tief und klar,
doch nur jene, die mal lachen,
fühlen, wie es wirklich war.

Unter der Tropenbrise

Unter der Tropenbrise,
bauscht Sicht von Palmen sanft,
die Sonne helle wiese,
in Farben prachtvoll stand.

Vögel singen Lieder,
von ferne Inseln klein,
und Tau schimmert nieder,
wie Kristalle, klar und rein.

Äffchen hüpfen munter,
durch das grüne Blätterband,
und die Wellen drunter,
rauschen leis' zu sanftem Rand.

Dschungelgrün umfängt hier,
eine bunte Lebenswelt,
mit Geschichten, die man spürt,
umfassend, was sie hält.

Unter der Tropenbrise,
lebt die Erde, blüht ein Traum,
und des Lebens große Wiese,
zeigt das Paradies, kaum.

Fließende Schatten

Fließend wie Wasser im Strom,
Schatten tanzen im sanften Licht,
Nacht umhüllt das Heimatdom,
Die Stille flüstert, spricht.

Wege verschwimmen im Raum,
Geheimnisvoll und tief,
Traumhafte Gestalten taumeln,
Die Zeit scheint seltsam schief.

Hingabe im Nebel der Nacht,
Dunkelheit verliert ihr Gewicht,
Sterne schießen in voller Pracht,
Der Mond ziert ihr Gesicht.

Seelen wandern durch die Gassen,
Kein Anfang, kein Ziel,
Alte Legenden verblassen,
Ein Augenblick, so fragil.

Tiefsinniges Mondenlicht

Ein Silbermeer am Himmelszelt,
Ein Lichtstrahl sanft sich bricht,
Der Mond, er träumt von ferner Welt,
Verleiht der Nacht Gewicht.

Gedanken schweben schwerelos,
Die Seele sucht und sinnt,
In jenem Glanz, so seelenfroh,
Ein sanfter Neubeginn.

Geheimnisse, die lang verborgen,
Erstrahlen sacht und klar,
Der Mond verwebt all unsre Sorgen,
Im Glanz der Gestirne wahr.

Aura aus Licht, so rein und weich,
Ein Spiegel der Tiefenzeit,
Umfangen von dem Mantel leicht,
Der Nacht in Ewigkeit.

Welle und Winzling

Ein Tropfen fällt ins weite Meer,
Kreise ziehn im Wasser fort,
So winzig doch, und umso mehr,
Verändert dieser Ort.

Die Wellen tanzen, heben, senken,
Ein Spiel von Macht und Kraft,
Der Wind mag sanft die Wogen lenken,
In tiefster Ozeansaft.

Ein Sandkorn rollt am Strand entlang,
Die Brandung hebt und trägt,
Verwandelt sich im Wellenklang,
Ein Spiel, das nie vergeht.

So wandert klein und groß zugleich,
Durch Weiten, endlos weit,
Ein Lied der Zeit, so sanft und reich,
Im Spiel der Ewigkeit.

Ein Hauch von Ewigkeit

Ein Flüstern in den Blättern leis,
Ein Hauch von Ewigkeit,
Die Welt erscheint so still und weiß,
Im Mantel der Zeit.

Ein Stern, er funkelt hoch und fern,
Ein Zeichen dort am Bord,
Gefühl, als wär er ewig Kern,
Des Himmels großer Hort.

Ein Blatt fällt sanft auf Erden nieder,
Ein Tanz im Luftspiel zart,
Erzählt von alten Zeiten Lieder,
Die niemand je bewahrt.

Die Uhr, sie tickt, doch bleibt oft stehen,
In einem Augenblick,
Denn in der Zeit, so wird's geschehen,
Verblasst ein Lebensstück.

Träume aus Wasser und Nacht

Im sanften Glanz des Mondes,
verbirgt sich still die Pracht.
Die Wellen flüstern leise,
Träume aus Wasser und Nacht.

Die Sterne weben Sehnsucht,
geheimnisvoll erwacht.
Im Reigen dieser Stille,
wird jede Seele sacht.

Ein Hauch von Ewigkeit,
umarmt die dunkle Pracht.
Im Spiegelbild der Tiefe,
Träume aus Wasser und Nacht.

Das Meeresrauschen wiegt,
ein kühler Odem zart.
Verborgene Geschichten,
von Liebe ganz und gar.

Mit jedem Tropfen fließt,
ein Bild der sanften Macht.
Wir träumen uns für ewig,
durch Wasser und durch Nacht.

Glück der Gezeiten

Die Wellen küssen Strände,
das Meer erzählt sein Lied.
Im Rhythmus der Gezeiten,
das Glück uns niemals flieht.

Ein Strahl von Sonnenfunken,
im Wasser tanzt und springt.
Verzaubert diese Stunden,
da unser Herz es singt.

Die Winde tragen leise,
ein Lied von Fern und Nah.
Im Wandel der Gezeiten,
wird alles klar und wahr.

Das Glück, es ruht verborgen,
im wechselvollen Lauf.
Mit jedem neuen Morgen,
wacht Hoffnung stets aufs Neu.

Wir finden es im Wogen,
in Ebbe und in Flut.
Das Glück der stillen Stunden,
es schmiegt sich sanft und gut.

Versteckte Strände

Versteckt in stillen Buchten,
da ruht das Seelenmeer
Ein Ort der tiefen Träume,
und Sehnsucht mehr und mehr.

Die Strände voller Frieden,
wiegt heißer Sand im Wind.
Verborgene Geschichten,
die in uns allen sind.

Ein Hauch von Salz und Freiheit,
die Luft so klar und rein.
Versteckte Strände flüstern,
so sanft in Herz und Bein.

Die Wellen bringen Hoffnung,
die Ferne wird ganz nah.
In diesen stillen Stunden,
wird alles wunderbar.

Hier finden wir das Leben,
in seiner stillen Pracht.
Versteckte Strände heilen,
in dunkler, tiefer Nacht.

Sonnenuntergang auf Wellen

Die Sonne sinkt im Westen,
verliert sich tief im Meer.
Ein Farbenspiel der Stille,
die Schönheit offenbart.

Auf Wellen tanzen Lichter,
verfängt sich sanft das Gold.
Ein Abschied voller Frieden,
die Nacht, sie kommt so hold.

Der Horizont, er flammte,
in Rot und Orange sanft.
Ein Bild der stillen Weite,
das Herz ganz sacht erfasst.

Die Schatten werden länger,
die Dunkelheit ruft leis.
Ein Neubeginn im Stillen,
ein Hauch von tiefem Eis.

So endet dieser Tag nun,
mit Wellen, Licht und Nacht.
Der Sonnenuntergang flüstert,
uns zu mit sanfter Pracht.

Liebkosung des Mondes

Sanfte Glut des Himmels, still
Umarmt die Nacht und steht
Der Mond, so hell und will
Dass auch der Stern vergeht

Ein zarter Kuss vom Licht
Zwischen Schatten träumend
Ein Lied der Liebe spricht
Der Mond, sanft leuchtend

In der Stille nur ein Hauch
Zwischen Wolken, weich
Der Nacht ein funkelnd' Brauch
Ein Liebesgedicht, so reich

In der Dunkelheit erwacht
Des Mondes warmes Sein
Ein stiller Tanz der Nacht
Im sanften Schein so rein

Die Sterne still verweilen
Begleiten ihren Freund
Die Nacht beginnt zu heilen
Wo Licht und Schatten träumt

Traumhafter Tiefgang

Wie ein Fluss, der leise fließt
Durch nächtliche Gedanken
Ein stiller Traum, der nie vergießt
Die Seele sanft umfangen

Des Mondes sanfter Glanz
Durchs Dunkel führt ihn weit
Ein nächtlicher, stiller Tanz
Die Träume macht bereit

Tief in der Nacht verborgen
Ein Flüstern still und klar
Verjagt die Schatten, Sorgen
Mach' Träume licht und wahr

Ein Funken Hoffnung strahlt
Im tiefen Blau der Nacht
Ein leises Lächeln malt
Ein Traum, der weiter wacht

In des Mondes tiefer Ruhe
Schwimmt das Leben still dahin
Ein Traum, der niemals müde
Führt die Seele ganz allein

Perlen des Mondlichts

Des Nachthimmels Schein erglänzt
Silbern auf die Erde fällt
Wie Perlen Licht, die Mond verhängt
Und schimmernd in die Welt

Ein leiser Hauch der Nacht
Im Silberkleid gehüllt
Der Mond am Himmel wacht
Sein Stil die Träume füllt

Die Sterne glänzen sacht
Wie Perlen einer Kette
Ein Lichtermeer in Nacht
Das Dunkel auch errettete

Im Licht, das sanft sich wiegt
Durch Nächte still und weit
Ein leiser Hauch, der siegt
Im Perlenmeer der Zeit

Ein Traum, der niemals endet
Umarmt das Licht so fern
Des Mondes Strahl versendet
Perlen, die wir gern

Mond im tropischen Paradies

Zwischen Palmen, sanft und mild
Der Mond am Himmel strahlt
Ein Paradies, das völlig stillt
Ein Nacht, die leise malt

Die Tropennacht umarmt
Im Glanze Silberlichts
Ein Süßer Traum umgarnt
Ein Paradiesesgedicht

Der Dschungel flüstert leise
Und wiegt sich sanft im Wind
Der Mond, auf seiner Reise
Im Paradies sich find

Ein Hauch von Tropenluft
Durchwoben mit dem Schein
Des Mondes Glanz, so zart und luftig
Macht Nachten Frieden sein

Ein Paradies in Licht
Die Tropen still umfangen
Der Mond, der Liebe spricht
Im Herzen tief verhangen

Geister der Brandung

Wellen peitschen wild und stark,
Unter Mondes bleichem Glanz,
Schreie in der finstern Mark,
Häuser tanzen Geistertanz.

Nebel legt sich dicht und schwer,
Schleier um die Küst' gespannt,
Flüstern füllt die salz'ge Luft,
Geisterhand in kaltem Sand.

Kühle Nacht, sie trägt die Last,
Stimmen aus der tiefen See,
Gischt, sie malt ein Ahnenbild,
Geister rufen nah und weh.

Dunkles Meer, es wogt und zischt,
Und die Geistergirlande tanzt,
Kalte Hände, nasser Griff,
Wo die Brandung ewig glanzt.

Die Geister ziehen weiter fort,
Flüsternd schwinden sie im Dunst,
Doch ihr Singen bleibt zurück,
Wiegt im Wellenschlag und Gunst.

Südliche Gezeiten

Sonne ruht am Horizont,
Meer erstrahlt in Rot und Gold,
Wellen singen sanft ihr Lied,
Wie ein Traum, der nie vergold't.

Sand erglüht im warmen Schein,
Gischt umarmt das ferne Ufer,
Palmen rauschen ohne Eil,
Himmel tief und Wolken schiefer.

Seemansgarn und Ferne rufen,
Abenteuer in der Luft,
Schiffe segeln weit hinaus,
Fühlen Freiheit, Atem, Duft.

Möwen schrei'n ihr Abendlied,
Durch die Lüfte, wild und frei,
Südwind trägt die Ferne hier,
Weckt die Träumerei dabei.

Südliche Gezeitenwallung,
Rhythmus in des Meeres Schoß,
Ew'ger Kreis von Eb' und Flut,
Wellen wiegen sich famos.

Ruhige See bei Nacht

Sterne funkeln, Licht im Schwarz,
Wellen küssen mild den Strand,
Nacht senkt sich auf stilles Meer,
Stille Traumwelt, schleiernd Band.

Silbermond erhebt sich hoch,
Weist den Weg durch Dunkelheit,
Über stille Wasser fließt,
Licht das Nacht in Ruhe weiht.

Ferne Lichter blinken leis,
Leuchtturm strahlt, ein fester Hort,
Fischer boote wiegen sanft,
Tragen sich von Ort zu Ort.

Tiefe Ruhe breitet sich,
In der Nächt'gen Seeestille,
Schläfrig flüstert still der Wind,
Sänftigt sanft die Gischtensprille.

Kühle Nacht, so still und weit,
Meer und Himmel einsam singen,
Ruhige See bei nächt'ger Pracht,
Herz und Geist sanft heimzubringen.

Meerestiere im Mondlicht

Leuchter im Wasser, Mondeslicht,
Tief im Ozean erwacht,
Fische tanzen Silberflut,
Glanz und Schatten in der Nacht.

Quallen schweben, zart und sacht,
Leuchtend wie ein Magisch' Spuk,
Sternenhimmel tief im Meer,
In den Wogen sanftem Trug.

Krebse wandern still und leise,
Auf dem Grund im Schein des Lichts,
Scheren schimmern wie Kristall,
Klar und rein im Glanz des Nichts.

Wale singen durch die Nacht,
Lieder voller Melodie,
Mond erhellt die weite See,
Taucht die Mythen tief in sie.

Meerestiere tanzen weiter,
Unter nächt'gem Himmelszelt,
Leicht und zart im Mondeslicht,
Unentdeckt, geheimnis' Welt.

Im Bann der Brandung

Die Wellen tosen, wild und frei,
Ein ew'ger Tanz im Wassermeer,
Kraftvoll donnernd, stets dabei,
Führt die Brandung uns umher.

Die Gischt, sie sprüht, der Wind erweckt,
Ein Schauspiel, das kein Ende kennt,
Die Küste, rau und unbedeckt,
In ihrer Not an Felsen lehnt.

Im Bann der See, so mächtig klar,
Weilt die Seele, still und sacht,
Zieh'n die Träume fern und nah,
Durch die Nacht und durch den Tag.

Tief verborgen, Kraft des Seins,
In der Wasserwelt gebannt,
Die Brandung singt ein altes Reim's,
An des Menschens Küstenland.

Hoffnung glüht im Herzen dann,
Spiegelt sich in Gischt und Licht,
Schließt der Kreis, der enden kann,
Im Meer, das keine Grenzen bricht.

Nebeltau auf den Wellen

Der Morgen graut im Nebelschleier,
Sanft und schwer hängt Dunst am Meer,
Ein leises Wispern, leise Feier,
Webt ein Flüstern, ruhig, hehr.

Nebeltau, so zart und still,
Deckt die Wellen leicht in Grau,
Die Welt wirkt friedlich, ohne Will,
Erschaffen aus des Himmels Bau.

Die Möwen schweigen, Ruhe liegt,
Auf der See, die träumend ruht,
Ein Hauch von Ewigkeit, der wiegt,
Uns sanft, mit stillem Mut.

Über Allem schwebt die Zeit,
Ohne Eile, ohne Hast,
Füllt die Luft mit klarer Weite,
Findet Frieden, hält uns fast.

Nebeltau, der Hoffnung schafft,
Ein Zeichen zarter Harmonie,
Ein jedes Herz daran haft,
In stiller Melancholie.

Muschelmelancholie

Am Ufer, dort im Seegefild,
Liegt so manches Muschelschild,
Flüstern leis' von fernen Tagen,
Die im Meer den Staub verjagen.

Geschichten, tief in Perlenruh',
Tragen Träume, Legenden zu,
Von Sturm und Wind, und alter Pracht,
Erzählen in der stillen Nacht.

Muscheln schmücken weißen Sand,
Legen zärtlich Hand in Hand,
Komponieren Melodien mild,
Vom Leben, das sich sanft enthüllt.

In der Tiefe, unverwandt,
Liegen Schätze, unbekannt,
Wecken Sehnsucht, still und klar,
Nach dem, was einst verloren war.

Muschelmelancholie streift,
Durch Gedanken, leis' und weise,
Fliegt dahin, doch niemals reift,
Im Klang, der ewig leise.

Fischerboot bei Nacht

Im Mondschein gleitet, leise sacht,
Das kleine Boot durch stille Nacht,
Die Sterne überm Wasser glüh'n,
Ein Bild von Frieden, endlos schön.

Die Netze werfen Schatten tief,
Auf Wellen, die ganz sachte zieh'n,
Ein Fischer träumt, ganz sanft und lieb,
Von Zeiten, die vorüber flieh'n.

Die See umhüllt im Mantel dunkler Gischt,
Das Boot, das in den Wellen wiegt,
Ein Hauch von Salz und frischer Luft,
Ein End', das in den Himmel fliegt.

Die Weite, endlos, voller Glanz,
Ein leiser Wind, der Liebe tanzt,
Das Boot in Ruhe, ohne Drang,
Findet Fische, in diesem Klang.

So kehrt es heim, wenn Morgen graut,
Die Netze voll, der Seele laut,
Ein Fischerboot, das sanft erlebte,
Die stille Nacht, die alles webte.

Flüsterndes Wasser

In Waldes Licht ein Bach sich schlängelt,
Ein Flüstern steigt aus tiefen Wellen,
Die Seele findet sanft Geborgen,
Im Echo von den Zeiten schnellen.

Ein Wispern durch die Reben zieht,
Der Mond sein weißes Licht dort gießt,
Verborgne Lieder, sanft und leise,
Im Wasser fließt die Zeit, die fließt.

Des Steines Hauch, von Moos umklammert,
Ein Spiegelbild der Welt durchdringt,
Das Mühlrad dreht in ew'gem Banne,
Wo Zeit und Raum im Takt verschlingt.

Leis rauschend in den tiefen Schluchten,
Ein sanfter Schleier, der verweht,
Das Wasser flüstert seine Botschaft,
Ein Hauch, der durch die Zeiten geht.

In stillen Stunden, wenn der Tag vergeht,
Erzählt das Wasser, was es weiß,
Ein endlos Lied von Leben fließt,
Wo Schatten Licht und Weisheit heißt.

Nächtliche Symphonie

Am Firmament die Sterne blinken,
Ein Lied erhebt sich aus der Nacht,
Die sanften Klänge leis verklingen,
In tiefer, träumerischer Pracht.

Der Mond am Himmel, still und klar,
Erleuchtet sanft die finstre Flur,
Die Eule ruft in ferner Schar,
Die Nacht wird eins mit der Natur.

Ein Wispern durch die Zweige zieht,
Der Wind umsäuselt leis die Welt,
Die Melodie, die ihm entflieht,
Ein sanftes Lied, das uns gefällt.

Die Nachtigall ihr Lied nun singt,
Im Dunkel hallt ihr zarter Ton,
Das Herz in tiefer Freude springt,
In Dämmerung, so still und schon.

In Harmonie die Nacht erklingt,
Wo Schatten tanzen, leise Licht,
Die Seele in den Träumen schwingt,
Bis Morgenrot den Schleier bricht.

Strandgeflüster

Des Meeres Wellen sanft verwelken,
Ein Flüstern trägt der Wind zum Ohr,
Die Muscheln singen leise Lieder,
Die Zeit scheint hier zu schweben vor.

Der Sand umschlingt die müden Füße,
Ein warmes Flüstern nah und fern,
Die Sonne taucht ins Himmelsblau,
Im Meer erstrahlt ein Abendstern.

Die Möwen schreien in den Lüften,
Ein Schrei, ein Gruß, ein leiser Hauch,
Der Strand erzählt von alten Zeiten,
Vom Rauschen, das den Frieden braucht.

Im Dünensand verwehen Schritte,
Ein Echo bleibt, das ewig ruft,
Der Horizont, die Ferne lockt,
Des Meeres Flüstern nie verschuft.

Die Nacht senkt sich auf sanften Wogen,
Ein sanftes Kissen, Ruhe hier,
Die Wellen singen leise weiter,
Ein Lied von Freiheit, Frieden, Zier.

Hinter dem Horizont

Dort, wo die Sonne sich verabschiedet,
Ein Feuerball im Himmelszelt,
Beginnt ein Reich, das still verheißt,
Die Sehnsucht fern der Erdenwelt.

Die Farben tanzen, Schatten weichen,
Ein golden Licht erleuchtet sacht,
Das Unbekannte ruft aus Weiten,
Hinter dem Horizont erwacht.

Die Träume schweben frei und heiter,
Ein Raum, der grenzenlos erscheint,
Die Sterne glühen immer weiter,
Das Firmament sich sacht vereint.

Ein Flüstern durch die Zeiten zieht,
Ein Hauch von Ewigkeit berührt,
Der Horizont, er stets verspricht,
Ein Welt, die unsere Sehnsucht spürt.

Dort hinter dem, was wir nicht kennen,
Ein Wunderland, das still uns ruft,
Ein Neuland, das wir ewig suchen,
Ein Ruf, der in den Herzen ruft.

Unter Wassersternenschein

Tief im Ozean verborgen
funkeln Lichter, die wir nicht sehen.
Unter Wasser, hinter Korallen
leben Träume und bleiche Feen.

Fische singen leise Chöre
in der dunklen Tiefe Nacht.
Sternenschein erhellt die Weite
führt uns zu verborg'ner Macht.

Quallen tanzen, Wellen rauschen
in dem stillen, blauen Raum.
Eine Welt, so unbeschreiblich,
wie ein unentdeckter Traum.

Geheimnisse, die niemand kennt,
liegen dort im kühlen Nass.
Unter Wassersternenschein,
blüht des Meeres stiller Spaß.

Verlorene Schätze, längst vergessen,
ruhen tief in jenem Schein.
Unter Wasser, sanft und leise,
fühlt man sich nie mehr allein.

Anmut des Abends

Wenn die Sonne leise sinkt,
erwacht die Welt in sanftem Licht.
Abenddämmer'n über Land,
verleiht dem Tag ein neues Gesicht.

Leise weht der kühl'nde Wind,
streichelt Felder, Wiesen, Wälder.
Schatten tanzen sanft und lind,
betreuen still die Stadt, die älter.

Mit dem Licht der Dämmerung,
kommet Ruhe, Frieden rein.
In der Anmut des Abends,
flüstern Bäume „Du bist mein".

Flüsse spiegeln sanft die Glut,
der verschwinden Sonne Farben.
Nächte klingen voller Mut,
in des Lebens tiefstem Narben.

Sterne glitzern, Mondlicht zart,
erfüllt des Himmels weites Feld.
Anmut des Abends, zauberhaft,
birgt die Geheimnisse der Welt.

Wogende Melodien

Des Windes Lied in Bäumen hallt,
ein sanftes Lied in tiefer Nacht.
Verwoben mit des Meeres Klang,
ein sanft Bad in Melodienacht.

Die Wellen tanzen auf und nieder,
wiegen sanft die stille See.
Ein endlos' Lied aus alten Zeiten,
erzählt von Glück und stillem Weh.

Getragen von des Winds Respekt,
schwingen Lieder durch die Welt.
Sie führen still durch Nacht und Tag,
mit einer Kraft, die alles hält.

Ein Klang aus leichtem Mondes Schein,
umspült die Nacht mit Harmonie.
Wogende Melodien zur Seite,
führen das Herz in Symphonie.

So lauschen wir der stillen Pracht,
die uns die Nacht so traulich singt.
In wogenden Melodien eingehüllt,
wird das Herz in Träumen sinkt.

Meeresgedanken

Wenn das Meer in tiefen Wellen,
zu uns spricht in sanfter Ruh,
träumen wir von fernen Welten,
unser Herz schlägt leis dazu.

Muscheln raunen alte Märchen,
von verlorenen Königsland.
Meeresgedank'n, so still verhallen,
in der tiefen Weite Band.

Die Tiefe birgt unzähl'ge Schätze,
gleiten leise durch die Zeit.
Gedanken fließen wie die Wellen,
in der stillen Unendlichkeit.

Der Horizont, so weit und fern,
rückt näher mit jedem Takt.
Meeresgedanken wie ein Stern,
strahlen, wann das Herz erwacht.

Die Seele badet in der Flut,
der tiefen, sanften Harmonie.
Meeresgedanken, rein und gut,
einkehren wir der See Revue.

Wellen der Melancholie

In der stillen Dämmerung des Meeres,
Tanzt die Trauer mit dem Wind,
Tra nen fließen wie silbernes Tuch,
Ein Herz, das in der Ferne sinnt.

Wogen singen leise Lieder,
Von verlorener Zeit und Raum,
Echoes alter, flu sternder Tra ume,
Unter dem Erinnerungssaum.

Der Mond weint stille Tropfen,
Verloren im endlosen Flu ss,
Jede Welle malt ein Muster,
Ein Seufzer in den Ozean flußt.

Dunkle Sterne blinken traurig,
Über das melancholische Licht,
Hohe Wellen tragen Leere,
Zeigt uns der Seele Gewicht.

Am Ufer ruht des Herzens Schmerz,
Umarmt von der Nacht so still,
Wellen der Melancholie tanzen,
Erinnerung, die verweilen will.

Jenseits des Horizonts

Die Winde flüstern leise Märchen,
Von Ländern, jenseits weit,
Wo Träume in den Farben blühen,
Die fern der Zeit gedeiht.

Ein Schiff segelt in die Weiten,
Folgt dem sanften Sternenschein,
Den endlosen blauen Bahnen,
Wo Himmel und Erde vereint sind allein.

Geheimnisvolle Zeichen leuchten,
Am Horizont, durch Wolken dicht,
Geister alter Zeiten wandern,
In jenem fernen, fremden Licht.

Die Sehnsucht zieht hinaus ins Blaue,
Wo Grenzen verschwimmen im Meer,
Unter dem Mantel sternenklarer Nächte,
Folgt die Seele einem rufenden Heer.

Ein ewiges Hoffen in der Brust,
Nach dem, was jenseits thront,
Horizonte endlos dehnen sich,
Wo der Suchende sehnsuchtsvoll wohnt.

Südliche Nacht

Unter Palmen, sanft verkündet,
Eine milde, warme Luft,
Nächtliche Düfte zart und süß,
Schweben in des Tages Gruft.

Sterne flüstern alte Lieder,
Vom silbernen Himmelszelt,
Sommerliche Winde singen,
Geschichten von dieser Welt.

Feine Grashalme tanzen leise,
Im Takt der südlichen Ruh,
Nächtliche Lüfte streichen zärtlich,
Über Herzen, so nah wie du.

Im Dunkel funkeln helle Augen,
Von Kreaturen groß und klein,
Bezeugen die Stille der Nacht,
In südlichem Tropenheim.

Die Zeit verharrt in diesem Moment,
Ein zeitloser Raum voll Pracht,
Unter dem Firmament der Liebe,
Wacht die stille, südliche Nacht.

Unter tropischem Himmel

Unter dem tropischen Himmelszelt,
Strahlt die Sonne wie flammend Gold,
Palmenblätter rauschen leise,
In Geschichten, uralt und hold.

Ein Vogelsang erfüllt die Luft,
Klingt sanft von Baum zu Baum,
Das Licht tanzt auf smaragdgrünem Blatt,
Als wäre es nur ein Traum.

Im Schatten der breiten Mangobäume,
Ruht die Welt in stiller Ruh,
Die Hitze liegt schwer auf Steinen,
Und küsst uns im Schatten dazu.

Wellen sanft ans Ufer schlagen,
Ein Ruf, weit übers endlos Meer,
Tragen Geschichten von Abenteuern,
Die kommen immer wieder her.

Nacht für Nacht, ein Himmelszelt,
Wo Sterne wie Diamanten glühen,
Unter tropischem Himmel erwacht
Das Leben in ewigen Blühen.

Glanz der Lagune

Ein zarter Hauch des Morgens
Streichelt sanft das Wasser
Die Sonne wirft Schlingen
Aus goldenem Geflirr

Über stille Tiefen
Tanzt ein silberner Schwan
Bögen der Bewegung
In endlosem Kreis

Die Weiden neigen sich
Wie in tiefem Gebet
Ein Gruß an die Lagune
Wo die Ruhe wohnt

Zarte Vögel singen
Ihr Lied des Erwachens
In der stillen Harmonie
Des Augenblicks

Ein Fest der Farben bricht
Mit dem ersten Lichtstrahl
Die Lagune erstrahlt
Im zauberhaften Glanz

Zauberhafte Nächte

Der Mond steigt sacht empor
Über stille Seen
Silberlicht ergießt sich
In den stillen Raum

Sterne wie Diamanten
Glitzern in der Kühle
Ein Teppich aus Lichtpunkten
Verzaubert die Nacht

Durch die dunklen Wälder
Zieht ein leises Flüstern
Geheimnisse der Nacht
Durch die Blätterwehen

Die sanfte Brise trägt
Märchen der alten Zeit
Verborgene Geschichten
In den klaren Wind

Glockenblumen läuten
Mit sanftem Klang die Nacht
Oh, welch Zauber liegt
In jeder stillen Stunde

Verborgene Wasserwelten

Unter spiegelndem Glas
Verborgen in der Tiefe
Tanzt das Fischlein leise
Durch das Algenmeer

Korallen wiegen sich
In sanfter, blauer Flut
Ein Paradies verborgen
In der stillen Welt

Die Strahlen der Sonne
Durchdringen klares Nass
Ein Tanz der Farbenpracht
In jeder Welle

Schillernde Wesen schweben
Lautlos durchs kühle Reich
Erzählen stumm die Märchen
Von uralten Zeiten

Verborg'ne Wasserwelt
Ein Schatz der Unbekannten
Hier wohnt das Geheimnis
In unendlicher Ruh'

Wolkenspiele

Am blauen Himmelszelt
Wandern Wolkenträume
Verwandeln ihre Form
In endlosem Spiel

Ein Drache schwebt dahin
Gefolgt von einer Fee
Geschöpfe der Fantasie
Gemalt in Weiß

Die Sonnenstrahlen spielen
Mit den Himmelswesen
Manchmal ein Engel lacht
Oft ein König thront

Zarte, weiche Wogen
Durchfliegen die Lüfte
Schmetterlinge aus Dunst
Betören das Auge

Wolkenspiele enden
Mit dem Farbenfeuer
Wenn der Abend naht
Und der Himmel schweigt

Wellen

Am Ufer ruht die Stille
Bis die Wellen rollen
Mit leisem, sanften Kuss
Den Strand berührend

Formen Linien aus Schaum
Ein stetiges Gleiten
Das ewige Wiegen
Ein Tanz ohne End

Unter der Sonne Glanz
Glitzert das Meer silbern
Wellenkronen strahlen
In unendlicher Pracht

Die Möwen singen Lieder
Im beschwingten Flug
Ein Gruß an die Ferne
Von der Gischt getragen

Im Rhythmus der Wellen
Schwingt die Seele sanft
Findet Ruhe im Einklang
Mit dem ewigen Meer

Sehnsucht der Gezeiten

Im Flüstern der Gezeiten,
Verklingt die Nacht so sacht,
Ein Traum von fernen Weiten,
In steter Ruh verbracht.

Das Meer erzählt von Liebe,
In leisen Wellenzug,
Die Sehnsucht die dort triebe,
Ein endloser Betrug.

Horizonte tief und weit,
Verloren in der Zeit,
Das Herz das nie verweilt,
In steter Einsamkeit.

Die Tränen salzig schmecken,
Ein heiße Sehnsucht klagt,
Wo Wellen sich entdecken,
Der Ozean behagt.

So wandern treue Herzen,
Wo ferne Ufer sind,
In Stürmen und in Schmerzen,
Der Sehnsucht treues Kind.

Harmonie der Wellen

Ein Spiegel aus Smaragd,
Der Ozean der singt,
In Harmonie verzagt,
Wenn Meer und Himmel ringt.

Das Wasser sanft umspült,
Des Küstenrandes Hauch,
Ein Lied das niemals kühlt,
In einem Wellenbrauch.

Der Wind erzählt Geschichten,
Von Liebe und Verlust,
Und weltenfernen Pflichten,
In seiner Küstenbrust.

Die Wogen tanzen zart,
Am Ufer, das sie küsst,
Ein Echo das verharrt,
Das niemals hier vermisst.

Harmonie im Gleichklang,
Von Wellen, Wind und Meer,
Ein ewig langer Reigen,
Der stets kehrt wieder her.

Stille der Lagune

In der Lagunen Tiefe,
Verstummt das laute Sein,
Die Zeit die hier entschlief,
Heran kommt kein Gebein.

Ein Spiegel ohne Brüche,
So klar wie Sternenlicht,
Die Stille senkt sich nieder,
Betritt kein fremdes Gesicht.

Das Grün das sich umhüllt,
Ein Netz aus Moos und Farn,
Die Welt wird hier gebild,
Verloren und entfernte Narn.

Die Fische ziehn im Reigen,
In Stille und in Ruh,
Die Sterne am Himmel zeigen,
Der Frieden kommt dazu.

Lagune still und rein,
Ein Frieden ohne Wort,
Geborgen hier allein,
Mein Sehnen trägt mich fort.

Dämmerung am Strand

Die Sonne senkt sich leise,
Am Strand zur Abendruh,
Ein goldner Strahl noch weise,
Verheißt des Nachts Getuh.

Der Himmel färbt sich rot,
Ein Maler ohne Fehl,
Die Dämmerung bedroht,
Die Schatten kommen sacht und stehl.

Muscheln flüstern leise,
Vom Tag der schnell verging,
In einer stillen Reise,
Ein Lied das laut erkling.

Die Sterne blinken froh,
Am Himmelszelt so weit,
Ein Funkeln schickt das Ro
Der Nacht in Dunkelheit.

Am Strand perlweiße Gischt,
Die Wellen tanzen fein,
In Dämmerung vermischt,
Der Schlaf will friedlich sein.

Funkelnde Wogen

Im Mondenschein, der Ozean glitzert
Ein Spiegelbild vom Himmelszelt
Die Sterne wach, der Tag verfrüht
Das Meer erzählt die alte Welt

Die Wellen singen, Geschichten flüstern
Von Fernen Land und Abenteuer
Ein Herz, das sucht, wird hier gefunden
Im blauen Grund des tiefen Meeresfeuer

Ein Fischerboot, im Weiten treibend
Das Wasser fließt, der Wind ist still
Ein Seemann lauscht den Wogen dürstend
Nach Freiheit, die er finden will

Mit jedem Schritt auf Sand und Muscheln
Der Geist taucht tief in Träume ein
Ein Glanz in Augen, frisch wie Tau
Funkelnde Wogen, Herz und Heim

Die Nacht vergeht, der Morgen naht
Ein neuer Tag bricht strahlend an
Doch in den tiefen, blauen Fluten
Bleibt ein Geheimnis mit der Ära dran

Korallen und Sterne

Im Tiefenmeer die Farben leuchten
Korallenriffe, sanft und still
Wie Sterne funkeln sie im Dunkeln
Ein Tanz der Geister, der niemals füllt

Die Fische gleiten, leicht und schimmernd
Wie kleine Sonnen, die dort kreisen
Ein Paradies, so weit und fremd
Wo Träume in die Tiefe reisen

Jedwede Form, die Schönheit birgt
Ein Lebensraum, so zart und rein
Korallen und die Sterne vereint
Ein Wunder, das sich zeigt so fein

Ein Taucher, fern und neu gesinnt
Wagt sich in die stille Pracht
Er staunt und lernt die Wunder kennten
In dieser tiefen, dunklen Nacht

Und während oben Sterne funkeln
Im Meer die Korallen glänzen leise
Ein Gleichnis, das den Augen zufällt
Wie Schönheit in der stillen Reise

Windgesänge

Ein leiser Hauch durch Wiesen zieht
Der Wind, er singt ein sanftes Lied
Er wispert in den Blättern sacht
Ein Trauerspiel der stillen Nacht

Der Birken Blätter tanzen leis
Im Takt der Winde, wild und weiß
Die Nacht wird so zur Melodie
Ein Sehnen in der tiefen Ruh

Ein Sturm, der formt und umgestaltet
Die Landschaft, die er scharf durchfaltet
Und dennoch klingt sein altes Lied
Als ob der Wind stets weiterzieht

Der Hain, er lauscht und wiegt sich sanft
Dem Klang, der fern und doch verwandt
Der Wind, er bringt uns neue Kunde
Von ferne Land und weiter Stunde

So steh ich hier und lausche still
Dem Wind, der singt, wie er nur will
Im Herzen klingt die alte Weise
Ein Windgesang, voll weicher Reise

Sehnsucht nach Ferne

Am Horizont die Sonne sinkt
Ein Abendrot, das leise winkt
Die Ferne ruft, das Herz so schwer
Ein Sehnen nach dem weiten Meer

Der Wind, er trägt die Klagelieder
Vom Fernweh, das wir alle fühlen
Ein Ruf nach Freiheit, wild und klar
Ein Traum von Orten, groß und rar

Die Ferne lockt mit fremdem Glanz
Ein stilles Lied zum Tagesschluß
Ein Blick hinaus in weiten Raum
Ein Wunsch, der stets im Inner'n ruht

Durch brennend' Herzen zieht sich leise
Ein Faden, der uns alle führt
Er webt uns ein in ferne Reise
Wo niemand je den Pfad verliert

So träum ich fort von fernen Weiten
Von Ozeanen, Bergen, Hallen
Die Sehnsucht, sie wird uns begleiten
Bis wir in jenen Fernen wallen

Auf den Flügeln der Gezeit

Das Meer flüstert leis' sein Lied,
Wenn die Sonnenstrahlen scheinen.
Geheimnisvoll, wie es geschieht,
Im Wellenrausch uns vereinen.

Die Gezeiten führen uns fort,
In ein fernes Abenteuerland.
Segel setzen gen unbekannten Ort,
Grün-blauer Himmel, goldener Sand.

Die Vögel kreisen weit und breit,
Ihre Lieder klingen klar.
Auf den Flügeln der Gezeit,
Die Freiheit, sie ist wunderbar.

Wind zieht sanft durch Segeltuch,
Hoffnung segelt an Bord.
Alle Sorgen wie ein Fluch,
Treiben weit von uns fort.

In des Meeres weiten Zonen,
Finden wir den wahren Geist.
Fern von Städten und Kronen,
Wo das Herz sich selbst vereist.

Ozeanmelodie

Die Wellen tanzen sanft dahin,
Ein Lied erklingt, ganz sacht und fein.
Wo endet sie, wo ist ihr Sinn?
Im Ozean, so tief und rein.

Muscheln flüstern, Sand erzählst
Von Abenteuern und vom Glück.
Wer diesen Ruf der Tiefe wählst,
Kehrt niemals wieder ganz zurück.

Der Mond erhellt die Wasserbahn,
Die Sterne singen Lieder laut.
Im Ozean, so tief und klar,
Wird jede Stille aufgesaugt.

Die Meeresmelodie, so laut,
Sie trägt uns fort, ins Unbekannte.
Ein Hauch von Ewigkeit, vertraut,
Die Zeit sie rinnt durch unsre Hände.

Vergessene Lieder, uralt und rein,
Im Meeresgrund verborgen.
Wo Ozeanmelodien heimlich sein,
Verlieren sich die Sorgen.

Schwingungen im Wasser

Ein Tropfen fällt, die Wellen zieh'n,
Ein neuer Kreis beginnt zu ruh'n.
Die Oberfläche schimmert, schön,
Schwingungen, die sacht verglüh'n.

Im Seegang tanzt die Ewigkeit,
Jeder Vers ein neuer Traum.
Das Wasser trägt uns weit und breit,
Schwingungen durch endlos Raum.

Im Soßen der Wellen leise,
Liegen Bilder, bunt und klar.
Die Gedanken reisen weise,
Zu dem, was einst wir waren, nah.

Ein Hauch von Wind, der Süden küsst,
Und zaubert Kreise rundherum.
Das Wasser singt, was man vermisst,
Jede Schwingung, stark und stumm.

Der Horizont verschwimmt im Licht,
Ein Zeichen, das zum Herzen spricht.
Schwingungen im Wasser, schlicht,
Fernweh in jedes Auge sticht.

Geister der Tiefe

Im Dunkel der ozeanen Weiten,
Wo Sonnenstrahlen kaum noch scheint.
Dort wandeln Geister, dort verwellen,
Und das Geheimnis uns vereint.

Stille Wesen, uralt, weise,
Lebenslied im kühlen Nass.
Sie erzählen ihre Reise,
Von Felsen und Korallengras.

Der Geister Hauch, so kalt und klar,
Sie strömen durch den tiefen Raum.
Ein Flüstern, das uns immerdar,
Erinnert an den letzten Traum.

Ihr Glanz im finsteren Thal,
Ein Leuchten, still und rein.
Wie Wogen in geheimer Wahl,
Spinn' Märchen in den Albtraum ein.

Versunken in des Meeres Grund,
Die Geister rufen leis' daher.
Ihre Stimmen, stark und rund,
Tragen uns fort, ins ferne Meer.

Windgeflüster

Ein Flüstern in der Luft, so leise,
Durch Wiesen, sanft wie Wiesenkreise.
Wälder rauschen, Blätter tanzen,
In der Ferne Kraniche sich verschanzen.

Sanfter Wind, ein Hauch der Ferne,
Trägt Geheimnis und die Sterne.
Echos alter, stiller Sagen
Durch die Zeiten uns getragen.

Erzählt von Liebe, Hoffnung, Mut,
Wie er durch Berge, Täler ruht.
Jedes Blatt, das sich bewegt,
Eine Botschaft in sich hegt.

Lässt uns spüren, wir sind klein,
Im großen Tanz, im Weltenhain.
Doch verbunden durch das Flüstern,
Spüren wir des Windes Schmeicheln.

Ein Hauch von Freiheit weht uns zu,
Legt uns Träume auf die Ruh.
In den Seelen sacht er klingt,
Der Wind, der uns Geschichten bringt.

Lagunenlichtspiele

In stillem Wasser Licht sich bricht,
Wie tausend Sterne im Gesicht.
Silberne Wellen malen Traume,
Und tauchen sanft die kleinen Räume.

Die Lagune glüht im weichen Schein,
Getaucht in sanftes Mondlicht rein.
Ein Ort, wo Schatten tanzen still,
Und jede Welle leise will.

Im Dunkel leuchten fremde Lichter,
Veilchenblau und samtig dichter.
Bewegen sich im Takt der Nacht,
Wie Sternenstaub, der fröhlich lacht.

Durch Schilf und Algen, sacht und fein,
Schleicht sich das Licht wie Gold herein.
Tief im Wasser, heimlich, leis,
Strahlt der Glanz im Meergleis.

Ein Sinnbild für das Leben schlicht,
In der Lagune Licht sich bricht,
Ein Spiegelbild der Seelenpracht,
Tanzend durch die sanfte Nacht.

Sommernachtswogen

Die laue Luft, so wohlig warm,
Schmiegt sich sanft um meinen Arm.
Zikaden singen überall,
In dieser Nacht, im Sternenfall.

Wellen flüstern an dem Strand,
Malen Bilder in den Sand.
Ein Sternenmeer, das Hoffnung schenkt,
Wo die Zeit sich fast verrenkt.

Ein Windhauch streift die Haut so sacht,
Ein Hauch von Fernweh in der Nacht.
Im Stillen rauschen Bäume leis,
Träum' verweben sich im Kreis.

Sterne blinken, leuchtend klar,
Als wüssten sie, was einst geschah.
Geschichten von vergang'nen Tagen,
Die Träume in die Herzen tragen.

Sommernacht, voll sanfter Wogen,
In die Seele tief gezogen.
Im Rhythmus der Natur vereint,
Ein Tanz, der nie zu Ende scheint.

Unter dem Tropenhimmel

Palmen wiegen sich im Wind,
Wo warme Strahlen sanft sind.
Ein Paradies aus Farbenspiel,
Die Tropennacht ist Sehnsuchtsziel.

Sterne funkeln, groß und klein,
Im blauen Himmelszelt so rein.
Ein sanftes Summen, leise Töne,
In tropischer Nacht, die Seelen verwöhne.

Die Lüfte schwer von Blütenduft,
Erzählen von der Tropenluft.
Ein Regenbogenfarbenmeer,
Das Herz erfreuen, immer mehr.

Der Ozean, so tief und klar,
Spiegelt all die Träume wahr.
Auf dem Wasser, leis und sacht,
Wiegt sich Licht in stiller Pracht.

Unter funkelndem Sternendach,
Ruht die Welt, der Tropennacht.
Ein Zauber, sanft und voller Glanz,
Verführt die Sinne, lädt zum Tanz.

Tropisches Mondlicht

Über Palmen weht ein sanfter Hauch,
Silberlichter tanzen sacht im Traum,
Unter Sternenglanz und weichem Rauch,
Wiegen sich die Wellen sacht im Raum.

Nächtliche Symphonie der Ruhe,
Eingebettet in ein Meeresblau,
Sonne sinkt, ein süßer Fluch,
Doch der Mond erhebt sein helles Tau.

Tropenluft erfüllt den Raum,
Unter Stränden schläft das Gras,
Zärtlich küsst der Mond den Baum,
Farben spiegeln sich im Nass.

Lebendig sind die Schatten hier,
Durch die Lüfte tanzt ein Geist,
Jedes Blatt, es flüstert dir,
Dass der Mond das Meer umschmeißt.

Ein Lied von alters her erklingt,
Getragen von des Windes Hauch,
Mondlicht, das die Nacht durchdringt,
Küsst die Tropen, still und rauch.

Verwitterte Küsten

Rau die Wellen, stark und klar,
Schneiden Felsen Tag für Tag,
Salzig weht der Wind, so wahr,
Küssen Ufer, kalt und karg.

Schroffe Klippen trotzen Zeit,
Über Jahrtausende gewachsen,
Wellenflüstern, endlos weit,
Sägen an den alten Bastionen.

Verwitterte Küsten, Helden alt,
Erzählen von vergangnem Sturm,
Ihre Geschichten, stürmisch kalt,
Zeuch zurück in ihren Turm.

Moos bewächst der Steine Schar,
An Flutsch und Ebbe ewig treu,
Krähen kreisen immerdar,
Über Felsengräber neu.

Im Wind verweht des Meeres Sang,
Ein End ohne Zeit besteht,
In Einsamkeit und Wellengang,
Die Küste ewig lebt.

Geflüster von Korallen

Unter Wasser, fern und tief,
Wächst ein Reich aus Farbenspiel,
Korallen flüstern, sanft und lieb,
Über Frieden, ohne Ziel.

Zwischen Riffen, sanft und zart,
Spiegelt sich des Himmels Glanz,
In der Tiefe, ach so smart,
Tanzt der Meeresfreunde Kranz.

Farbenspiel im Wasser klar,
Königreiche still entdeckt,
Lauschen, was einst wär und war,
Unter Meeresgrund versteckt.

Lieder fließen ohne Laut,
Durch die Meere, unberührt,
Korallenflüstern, ach so vertraut,
Unsichtbar, doch hingeführt.

Träume, die im Blauen wandeln,
Korallenwege, zart und schön,
In den Tiefen, sich verwandeln,
Ewig leuchten, nie vergeh'n.

Ozeanische Träume

Im tiefen Schlummer des Ozeans,
Wo Träume wiegen in der Flut,
Unter funkelndem Wasserkranz,
Schwebt die Seele, leicht und gut.

Frei wie Fische, schwerelos,
Tauchen wir in Meeresglanz,
Tauchen tief und atemlos,
In des Neptuns weiten Tanz.

Wogen tragen uns hinfort,
Durch die Zeiten, sanft bewegt,
Jeder Traum ein ferner Ort,
Wo die Harmonie sich legt.

Ozeanische Träume, weit,
Bieten unsern Seelen Raum,
Führen uns in die Ewigkeit,
Wiegen überall im Traum.

Jensseits von Wind und Wellenklang,
Ein stiller Ort voll Frieden,
Ozean mit seinem Sang,
Lässt uns träumend fliehen.

Mondlicht über dem Ozean

Im silbern Schein des Mondes klar,
Spiegelt sich das Meer, so wunderbar,
Wellen tanzen, leuchtend sacht,
In der stillen, tiefen Nacht.

Fische gleiten leis' dahin,
Träume tragen, sanft im Sinn,
Sterne funkeln hoch im Blau,
Brise haucht, so zart und lau.

Mondlicht küsst die Wellenkronen,
Wie ein leises, feines Glonen,
In der Ferne ruft der Wind,
Wie ein melancholisch Kind.

Ruhe breitet sich nun aus,
Überm stillen Meereshaus,
Eine Welt im Traum versunken,
Wo des Mondes Strahlen funken.

Die Nacht vergeht, es wird bald licht,
Doch das Gefühl verlässt uns nicht,
Ozean und Mond in Eins vereint,
Ein Zauber, der für immer bleibt.

Wellenflüstern

Sanftes Murmeln, Wellen flüstern,
Geheimnisse, die sie kühn bewahren,
Tragen Botschaft, tief und weise,
Flüstern leis' von fernen Reichen.

Rauschen, plätschern an den Steinen,
Singen Lieder, alte Weisen,
Jede Welle ist ein Gruß,
Von der Weite, stark und groß.

Fühlen kann man ihre Kraft,
Wie das Leben, ewig, sacht,
Wellen kommen und vergehen,
Ewig ist ihr Schicksal stehend.

Küstenhorche ihre Lieder,
Niemals wird ihr Klang ermüden,
Ew'ger Fluss, in sanfter Macht,
Unaufhörlich, Tag und Nacht.

Horch dem Wellenflüstern, still,
Das Geheimnis, das es wünscht und will,
Hör die Botschaft, tief und klar,
Denn das Meer ist immer da.

Tropische Nächte

Heiße Luft und sanfter Wind,
Nacht beginnt, so voller Sinn,
Sterne strahlen, hell und klar,
In der Ferne, fern und nah.

Palmen wiegen sich im Rauschen,
Dämmerung lässt Blumen tauschen,
Düfte süß in nächt'ger Stunde,
Mischen sich, in sanfter Runde.

Nachtgesang der Kreaturen,
Füllt die Luft mit warmen Spuren,
Leises Summen, ferne Klänge,
Samt der Nacht in weichen Stränge.

Tropen träumen in den Gärten,
Unter Sternen, unter Laternen,
Schatten tanzen, leicht und fein,
In der heißen Nacht, allein.

Träume wandeln ungezähmt,
Durch die Nacht, die wohlbekannt,
Tropische Nächte voller Glanz,
Ew'ger Rhythmus, Herz im Tanz.

Korallenmysterien

Tief im Meer, da zählt die Zeit
Korallen reihen sich so weit,
Bunte Farben, Leben strahlt,
Geheimnis, das der Ozean malt.

Fische tanzen dort vereint,
In dem Riff, wo alles scheint,
Wunderwelt in Stille wacht,
Über Farbenpracht bei Nacht.

Strahlend leuchten, sanft umrankt,
Wesen, die in Harmonie bedankt,
Wellen wiegen ihren Reigen,
Korallenfelder sich verneigen.

Rätsel, die das Meer verbirgt,
Seele, die es tief durchdringt,
Jedes Wesen, klein und bunt,
Findet hier seinen Grund.

So erstrahlt das tiefe Blau,
In den Farben, hell und lau,
Korallenmysterien klingen,
Von ew'gen Wundern singen.

Schatten der Seegeister

Unter dem Mondenschein, in stiller Nacht,
Erwachen die Geister, wie Nebel erwacht.
Sie flüstern Geschichten, uralt und weise,
Vom tiefen Meer und seiner sanften Reize.

Ihre Schatten tanzen auf den Wellen,
Mit Geheimnissen, wie dunkle Quellen.
Hinab in die Tiefe, wo Stille ruht,
Verwoben im Meer, in ewiger Flut.

Sie singen von Schiffen, von Sturm und Pein,
Von Seefahrern, dort unten, verdammt, allein.
Doch in ihrem Singen, klingt auch Trost,
Ein Heim für Seelen, die das Meer erlost.

Im Wind verwehen ihre leisen Lieder,
Ihre Präsenz verblasst, sie kehren wieder.
In der Ewigkeit, in unendlicher Ruh,
Bleiben die Seegeister, ewig und zu.

Doch wenn der Tag erwacht, und das Licht strahlt hell,
Verblassen die Geister, verschmelzen schnell.
Nur die Wellen flüstern leise, fast nicht,
Von den Schatten der Seegeister, in stillem Licht.

Inselwellen bei Nacht

Die Nacht umfasst die Inselwelt breit,
Wo Sterne funkeln, in ihrer Ewigkeit.
Wellen tanzen leise, im stillen Reigen,
Des Mondes Schein, der ihre Pfade zeigen.

Die Küste ruft, mit Melodien weich,
Ein sanftes Lied, das leise ihren Geist streicht.
Von Ferne dringt das Meeresrauschen,
Als ob Wogen zärtlich ihren Frieden tauschen.

Palmen wiegen sanft im nächtlichen Wind,
Während Schatten wandern, so wie sie sind.
In der Ferne leuchtet ein einsames Licht,
Navigiert den Träumer durch die Dunkelheit dicht.

Die Klarheit der Sterne, ein funkelndes Gedicht,
Schreibt auf die Wellen, ein Zeichen von Licht.
Und die Insel träumt, in friedvoller Nacht,
Von fernen Ufern, von stiller Pracht.

Inselwellen bei Nacht, so sacht und rein,
Flüstern von Frieden, von Liebe und Sein.
Ein Mysterium, das den Geist erhellt,
In der Stille der Nacht, die Flügel enthüllt.

Ozeanblau und Mondschein

Im Ozeanblau, so tief und weit,
Spiegelt sich der Mond, in silbernem Kleid.
Wellen tanzen im glanzvollen Licht,
Eine Symphonie, in nächtlicher Sicht.

Der Mondschein küsse die Wogen sacht,
Verleiht dem Meer, eine magische Pracht.
In der Ferne flüstern die Winde mild,
Erzählen von Träumen, die das Herz erfüllt.

Geheimnisse ruhen in der Tiefe versteckt,
Wo der Ozean Wünsche und Sehnsucht weckt.
Unter der Oberfläche, so klar und rein,
Liegt eine Welt, im Ozean und Mondschein.

Die Sterne funkeln, wie Diamanten klar,
Weisen den Weg, zu Träumen wunderbar.
Jeder Tropfen, ein funkelnder Schatz,
Im Ozean der Nacht, ohne Hetz.

Ozeanblau und Mondschein vereint,
Zwei Kräfte, die durch die Nacht gereimt.
Ein ewiges Gedicht, geschrieben im Raum,
Eine Melodie, wie in einem Traum.

Tanzende Wellen

Die Wellen tanzen im sanften Licht,
Die Nacht umhüllt sie in weichem Gewicht.
Sie schwingen, sie wiegen, im rhythmischen Spiel,
Ein Tanz der Natur, so sanft und zart wie Stil.

Das Meer, es singt, in Tönen klar,
Eine Melodie, so wunderbar.
Ihre Fluten rauschen, in Harmonie,
Ein festlicher Tanz, der nie verlässt die Symphonie.

Ein Sturm mag kommen, wild und stark,
Doch die Wellen tanzen, ohne Arg.
Durch alle Zeiten, stets im Takt,
Ein ewiger Reigen, mit keiner Furcht gepackt.

Der Wind, er führt, in sanfter Hand,
Die Wellen, die tanzen, am Uferstrand.
Dieses Schauspiel, immerdar,
Ein Tanz der Wellen, so wunderbar.

Im Morgenlicht verklingt der Traum,
Doch der Tanz der Wellen bleibt bestehen im Raum.
Ein ewig Spiel von Macht und Ruh,
Die Wellen tanzen, immerzu.

Inselträume und Wellenklänge

Im sanften Takt der Wellen, so klar,
Erklingt ein Lied, das uns umweht,
Die Inselträume, wunderbar,
In denen unser Herz stets steht.

Die Sonne sinkt ins Meeresspiel,
Ein Goldglanz strahlt am Horizont,
Die Welt da draußen, plötzlich still,
Ein Traum, der in der Ferne wohnt.

Das Salz im Wind erzählt vom Glück,
Von Freiheit, die die Seele trägt,
Wir reisen fern, wir blicken zurück,
Ein Märchen, das das Herz bewegt.

Der Strand glüht rot im Abendlicht,
Die Sterne warten, uns zu sehn,
Inselträume, flüchten nicht,
Sie bleiben, wenn wir heimwärts gehn.

Die Wellen klingen sanft und weich,
Im Herzen klingt das ferne Lied,
Inselträume bleiben gleich,
Ein Zauber, der nie von uns schied.

Wogen und Wunder

Die Wogen schlagen, tosend wild,
Ein Rhythmus, der die Seele führt,
Inmitten Wunder, ungestillt,
Ein Zauber, der uns tief berührt.

Das Meer es singt, es flüstert leise,
Von Heldentaten, längst versenkt,
Es öffnet uns die weite Reise,
Zu Dingen, die man nie gedenkt.

Im Sturm, der durch die Segel pfeift,
Erwacht das Herz in voller Kraft,
Ein Ozean, der vor uns greift,
Verleiht uns neuen Lebenssaft.

Der Mond erleuchtet uns den Pfad,
Durch Nächte voller Sternenpracht,
Wir folgen Wogen, unbeklagt,
Bis an das Morgenlicht der Nacht.

Die Wunder, die das Meer uns schenkt,
Sind größer als die Zeit uns lehrt,
Ein Leben, das in Wogen denkt,
Hat Wunder mit dem Meer gekehrt.

Magischer Seegang

Ein Hauch von Magie liegt in der Luft,
Die See so weit, das Herz entrückt,
Im Seegang weht ein sanfter Duft,
Von Geschichten, die das Leben schmückt.

Die Sterne spiegeln sich im Meer,
Als wären sie aus Träumen fein,
Der Zauber, der uns führt so sehr,
Erfüllt das Herz uns, zart und rein.

Des Nachts erstrahlt der Wellen Glanz,
Ein Silberlicht, das uns umwebt,
Wir tanzen dort im Wogenschwanz,
Ein Traum, der nie vergeht, belebt.

Der Wind er flüstert leise Lieder,
Von fernen Orten, reich an Glück,
Der Seele Seegang, stärker wieder,
Ein magisch Band, das zieht zurück.

In jedem Herz, das hier verweilt,
Entsteht ein Traum, weit und groß,
Der Seegang, der uns stets ereilt,
Erwacht die Magie, die uns umschloß.

Nacht im Paradies

Die Nacht im Paradies erwacht,
Ein Sternenmeer so klar und rein,
Die Tropenluft wird sanft entfacht,
Von Düften, die wir nur hier sein.

Der Mond erstrahlt am Himmelszelt,
Ein Silberglanz, so weich und mild,
Die Nacht mit ihren Träumen hält,
Ein Paradies, das uns erfüllt.

Die Wellen küssen sanft den Strand,
Im Rhythmus, der die Seele trägt,
Ein Paradies mit weicher Hand,
Das unser tiefes Glück bewegt.

Die Palmen wiegen sich im Wind,
Ein Flüstern geht durch Blätterreich,
Die Sehnsucht, die in uns beginnt,
Erfüllt das Herz so warm zugleich.

Die Nacht im Paradies ist klar,
Ein Sternenlicht, so weit und still,
In uns erblüht es wunderbar,
Das Paradies, das jeder will.

Mond und Meer vereint

Der Mond am Himmel, sanft er scheint,
Und auf dem Wasser, silbern glüht,
Die Wellen leise, ruhig weint,
Natur ein Lied in Harmonie sieht.

Wo Himmel und das Meer sich grüßt,
Ein Kuss von Licht und kühlem Nass,
Welten fern und nah sich küsst,
Die Ewigkeit im stillen Glas.

Die Schatten tanzen, segeln sacht,
Ein Wolkenmeer im Sternenmeer,
Des Nachts das Blau erwacht,
So friedlich und so wunderbar schwer.

Der Horizont in Schweigen ruht,
Ein Bild voll Liebe, zart gemalt,
Ein Funke Hoffnung, wie es glüht,
Im Mondlicht, das den Ozean heilt.

In dieser stillen Dunkelheit,
Vereint, was immer getrennt,
Sind Mond und Meer im Liebesschein,
Ein Traumbild, das die Welt bekennt.

Perlmutt und Wellen

Die Wellen flüstern sanft und leis,
Ein Funkeln unter Wasser klar,
In Perlmutt strahlt das stille Reis,
Ein Tanz der Wellen wunderbar.

Das Meer wirft Perlen an den Strand,
Geschichten alt und tief versenkt,
Ein Schatz aus einer fernen Hand,
Vom Ozean uns hergeschenkt.

Im Glanz der Muschel, zart und fein,
Ein Traum von weiten Wassern träumt,
Ein Schleier zieht durchs Mondlicht rein,
Die Schönheit, die die Seele säumt.

Die Brandung bricht am Felsen rauh,
Doch sanft wiegt sich der Ozeansang,
Ein Lied von Perlmutt, tief und blau,
Ein Wiegenlied, das ewig klang.

Im Spiel der Fluten und des Lichts,
Erblüht ein Glanz von stiller Pracht,
In Schlaf gewiegt von sanftem Nichts,
Mit Perlen in der tiefsten Nacht.

Glühende Nächte

Im Herzen der glühenden Nacht,
Da tanzen die Sterne so hell,
Die Welt ist in Träume gebracht,
Ein magisches, nächtliches Spiel.

Der Mond scheint auf Blätter und Gras,
Ein Feuer in Dunkel gehüllt,
Die Träume sind sommersüß-nass,
Ein Licht, das die Seele erfüllt.

Die Dunkelheit flüstert im Wind,
Erzählt von der Liebe der Zeit,
Ein Rätsel, das wir nie erspinn'n,
Im Schweigen der Ewigkeit.

Die Nächte, sie brennen im Schein,
Von Glühwürmchen zart unterstützt,
Ein Zauber, der tief dringt herein,
Und alle Gedanken beschützt.

So leuchten die Nächte so klar,
Ein Sternenmeer, still und verweht,
Ein Flüstern, das lebt und warnt,
Die Magie, die niemals vergeht.

Reise der Mondstrahlen

Die Mondstrahlen wandern auf leisen Pfad,
Durch nächtliche Wälder und Fluss,
Ein silbernes Band, so zart und glatt,
Ein flüsterndes, sanftes Zuviel.

Sie malen den Pfad auf unserem Traum,
Ein Licht in der tiefsten Nacht,
Ein ewiger, leuchtender Saum,
Der jede Angst sacht verbringt.

Der Himmel spiegelt ihr sanftes Licht,
In klaren Wassern und Seen,
Ein Funkeln, das niemal erlischt,
In der Stille der Welten zu sehen.

Sie reisen über Berge und Tal,
Ein Weg, der die Herzen berührt,
Ein Schimmer von Liebe einmal,
Der die Dunkelheit sicher entführt.

Wenn die Sonne schließlich wieder steigt,
Und Morgen das Mondlicht verjagt,
Erinnert ein Glanz uns stets zeigt,
Von der Reise, die uns betreut und behagt.

Traumriff

Sanft webt die Strömung, ein silbernes Band,
Das Riff im Ozean, farbenfroh und grand.
Fische tanzen leise, in schimmerndem Kleid,
Ein Kaleidoskop, das den Blick befreit.

Korallen blühen, in geheimem Glanz,
Wiegend sich im Rhythmus, der Wellenstanz.
Smaragde und Rubine, in der Tiefe vereint,
Eine Welt, die im Traum sich unbändig meint.

Sonnenstrahlen brechen, durch das Wasser klar,
Malen fließend Muster, schnell und wunderbar.
Ein reichhaltiges Wunder, das das Auge erfasst,
Ein Paradies aus Farben, so unermesslich krass.

Mit jedem Tauchzug, tiefer in das Blau,
Ferner wird der Alltag, wie ein falscher Traum.
Hier sind keine Sorgen, nur ein sanfter Klang,
Das Traumriff ruft, mit einem Liebesgesang.

Doch die Zeit vergeht, auch in diesem Hort,
Erinnerungen bleiben, an den magischen Ort.
Wo das Herz sich verlor, in der Tiefe froh,
Bleibt das Traumriff bestehen, in des Geistes Flor.

Flucht ins Korallenmeer

Tauche hinab, in das schimmernde Licht,
Ein Reich der Korallen, das die Seele verspricht.
Vergesse die Erde, und ihren schweren Drang,
Im Korallenmeer, heimlich und bang.

Schwärme treiben vor, in leuchtendem Schein,
Bunte Schätze, die im Wasser gedeih'n.
Eine Flucht, die den Geist von Kummer befreit,
Wie ein Schleier, der in der Brandung verweht.

Hier flüstert der Ozean, in leisen Tönen,
Erzählt von Welten, die ewig schön.
Eine Zuflucht, verborgen, doch offen und klar,
Wo der Frieden im Schatten des Wellen steckt nah.

Vergiss die Zeit, die droben rinnt,
Hier unten herrscht der Ozeanwind.
Die Flucht ins Korallenmeer gelingt,
Wo jede Sorge alsbald zerspringt.

Zurück an die Oberfläche kehrst du, zum Schluss,
Doch die Schönheit der Tiefe bleibt in jedem Fluss.
Eine Flucht, die das Herz sanft umwebt,
Ewig in der Seele das Korallenmeer lebt.

Sturmgesänge

Winde heulen, über das brodelnde Meer,
Der Sturm singt sein Lied, wild und hehr.
Wolken jagen, schwarz und dicht,
Im Tanz des Chaos, im flackernden Licht.

Wellen schlagen, mit wütender Hand,
Brandung stürzt, an den einsamen Strand.
Ein Orchester der Natur, in roher Pracht,
Die Sturmgesänge, im Dunkel der Nacht.

Blitze zerschneiden, den himmlischen Saal,
Donner grollt, wie ein fernes Finale.
In den Tiefen, das Meer brüllt laut,
Ein Schauspiel, so grausam und doch vertraut.

Schiffe trotzen, den unbändigen Kräften,
Mann und Maschine, in zähem Geflechten.
Die Sturmgesänge, tragen Kraft in die Welt,
Unausweichlich, wie das Leben selbst.

Am Morgen kehrt Ruhe, der Himmel ist klar,
Doch die Sturmgesänge bleiben offenbar.
In den Erinnerungen, an eine tobende Schlacht,
Bleibt das Meer und sein Raunen erwacht.

Insel der tausend Farben

Ein Eiland, gehüllt in ein Spektrum bunt,
Jedes Blatt und Stein, strahlt voller Grund.
Die Insel der Farben, ein Mosaik in schön,
Wo das Leben funkelt, lebendig und kühn.

Blüten in Purpur, und Smaragdengrün,
Das Herz schwingt mit, in diesem Farbenspiel.
Ein Zauberland, das die Sinne betört,
Insel der tausend Farben, das Innerste rührt.

Vögel singen, in Melodien bunt,
Ein Konzert der Freude, die die Ohren kunnt.
Schmetterlinge tanzen, auf Wellen der Luft,
Farbenmeer, das keinen Wunsch unbefugt.

Jedem Schritt folgt ein neuer Glanz,
Die Insel leuchtet, im Sonnentanz.
Eine Harmonie, die die Augen trinkt,
Ein Kaleidoskop, in das die Seele sinkt.

Zum Horizont, ein Farbenspiel,
Erinnerungen träumen, stets so viel.
Die Insel der tausend Farben bleibt,
Ein Ziel im Herzen, das ewig treibt.

Unterwassergarten

In tiefen blauen Wogen,
Da blüht ein seltner Hort,
Von Algen sanft umwoben,
Ein traumverlorner Ort.

Auf Steinen leise schimmernd,
Wo Seepferd zart sich wiegt,
Ein Lichtspielt wechseln flimmernd,
Wo still der Oktopus liegt.

Kleine Fische tanzen leise,
Im grünen Tanggebüsch,
Folgen ihrer eignen Reise,
Zum glitzrnden Muscheltisch.

Unter Korallenbogen,
Der Seestern schläfrig ruht,
Ein Leben unverlogen,
Das Meer erzählt es gut.

Mondsichel über dem Meer

Die Mondsichel blass und rein,
Schwebt über kühler Flut,
Ein Glanz von Silberschein,
Verlässt das Meer im Mut.

Des Nachts die Wogen funkeln,
Wie Diamanten sprüh'n,
Im Stille Nacht sich munkeln,
Es scheint die Welt zu blüh'n.

Ein Wispern in den Wellen,
Vom Wind her zärtlich trägt,
Die Träume, die uns fällen,
Wenn niemand um uns schlägt.

Die Sterne sacht erwachen,
Ein stilles Lichtmeer sacht,
Erzählt von alten Sachen,
Von Liebe, Hoffnung, Macht.

Tanz der Delfine

Inmitten blauer Weiten,
Zwei Delfine sich drehen,
Sie tanzen und sie gleiten,
Im glitzernden Gischtseen.

Sie springen durch die Wellen,
Im Rhythmus des Ozeans,
Voll Freude ohne Quellen,
Der Freiheit steter Glanz.

Ihr Spiel ist sanft und heiter,
Ein ewges Kreiseln dort,
Sie ziehen sich stets weiter,
Bis an den unsichtbar'n Ort.

Ein Lied von tiefem Meere,
Erklingt in Wellenklang,
Im Tanz, so froh und hehre,
Verweilt ein holder Drang.

Perlentaucher

Tief unter Meeresfluten,
Wo Träume süß verweh'n,
Da tauchen stille Glut'n,
Wo Perlen sanft entsteh'n.

Ein Taucher mit Geduld,
Durch dunkle Wasser schwebt,
Er findet ohne Schuld,
Was in der Tiefe lebt.

Die Muscheln öffnet leise,
Enthüllt den hellen Schatz,
Ein Augenblick voll Preise,
Im stillen Ozeanz.

Die Perle, glatt und rein,
Ein Wunder aus der Nacht,
Erzählt von Lichterschein,
Wie Liebe sanft erwacht.

Milton Keynes UK
Ingram Content Group UK Ltd.
UKHW022004310524
443378UK00014B/624

9 789916 395929